Ce charmant petit ouvrage est le dernier paru d'une collection conçue pour aider les grands à mieux comprendre le monde qui les entoure.

Grâce à ses caractères bien lisibles, son vocabulaire soigneusement choisi et son association subtile du texte et des images, cette collection permet aux grands enfants de croire qu'ils ont appris tout seuls à s'en sortir. Quant au thème étudié dans cet ouvrage, il ne pourra que les intéresser au plus haut point.

LE MONDE MERVEILLEUX DE LA CRISE DE LA QUARANTAINE

par

J. A. HAZELEY, LOL et J. P. MORRIS, WTF
(auteurs de *1 001 films soporifiques à voir avant de mourir*)

Traduit de l'anglais par Séverine Weiss,
agrégée de sanskrit et ancienne élève du LHOOQ

10
18

Quand on est jeune, on rêve tous d'une vie intense et palpitante.

Que fera-t-on quand on sera grand ? Cosmonaute ? Détective des fonds marins ? Mitrailleur ? Chirurgien de l'entrejambe ?

L'avenir est à nous.

Et puis un jour, il est à d'autres.

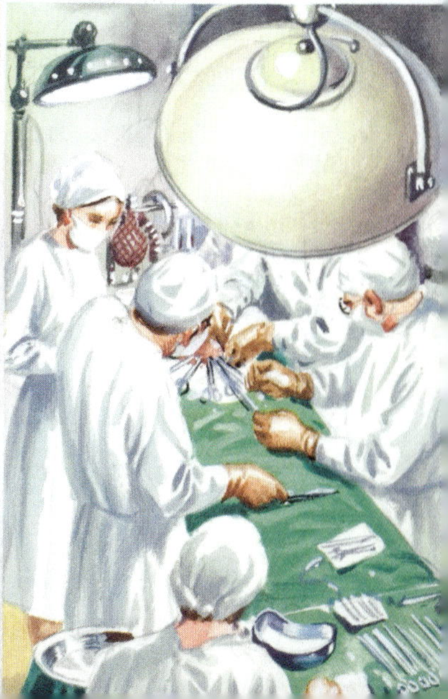

La crise de la quarantaine de Sébastien a commencé un samedi matin chez Bricomarché, devant un pot de laque pour bateau.

« Jamais je n'aurai de bateau », s'est-il dit.

Sébastien n'a jamais voulu de bateau. Mais maintenant, il est obsédé par l'idée de ne pas en avoir.

Gaëlle a une maîtrise mention bien en histoire médiévale. Elle s'est toujours dit que, un jour, elle écrirait un grand roman sur Aliénor d'Aquitaine.

Gaëlle a de la compote de pomme plein les cheveux. Elle a passé l'après-midi à frapper dans ses mains.

Fabrice ne pensait pas être atteint par la crise de la quarantaine. Mais il s'est aperçu que les gens qui s'inscrivent cette année à la fac sont nés quand il avait 25 ans.

Fabrice est parti au Groenland chasser la baleine. Et il est bien décidé à en tuer une.

Les quadragénaires aiment bien calculer comme le temps passe vite, ça les aide à paniquer.

« C'est fou ! s'exclame Éric. Indochine a sorti son premier album il y a déjà trente ans. Et trente avant, c'était les débuts d'Elvis ! »

« Faut que ça s'arrête ! » sanglote Éric, en ayant peur que ça s'arrête.

PRESTO ALLEGRO ANDANTE

Avant, le corps de Laurent était toujours d'accord avec lui.

Laurent pouvait porter une chemise sans qu'elle le boudine, se permettre de reprendre une bière, ne pas s'endormir dans le train, ne pas pisser à tout bout de champ : son corps était d'accord.

Dorénavant, le corps de Laurent n'est plus d'accord du tout.

Christophe fait toujours le même rêve : il se balance au-dessus d'un feu de joie tel un pantin bouffi. Des enfants le montrent du doigt et s'esclaffent.

« Regardez ce gros nul ! disent-ils. Brûlez-le ! Au moins, on aura chaud ! »

Mais Christophe ne brûle pas. Même à ça, il n'est pas bon.

Après son divorce, Franck a vendu sa voiture d'homme raisonnable pour acheter une décapotable.

Dans dix ans, quand Franck regardera des photos de lui et de « sa belle », il s'apercevra qu'il avait vraiment l'air d'un con.

En temps de guerre, pas de crise de la quarantaine. Les gens sont bien trop contents d'être en vie.

Sur cet aérodrome, les quadragénaires peuvent passer toute une journée à rêver que c'est la guerre. Ils pilotent un Spitfire, et font même un looping.

Et s'ils payent un supplément, ils sont abattus – et tués – par un authentique avion de la Luftwaffe.

Beaucoup trouvent que ça aide.

Patrick a quitté sa femme, laissé pousser ses cheveux et acheté des santiags. Il ne regrette rien.

Car sans ça, il n'aurait jamais rencontré Léa.

Tant que Patrick évite toute allusion culturelle à ce qui précède les années 1990, n'avoue jamais qu'il a eu un Minitel et parvient à ne pas succomber à une crise cardiaque, Léa et lui ont un bel avenir devant eux.

L'âge adulte s'accompagne de responsabilités nouvelles. Subvenir aux besoins d'une famille, par exemple, peut s'avérer très onéreux.

Heureusement, parvenus à la quarantaine, la plupart des gens s'aperçoivent qu'ils gagnent plus d'argent que dans leur jeunesse.

Argent qui peut aussi servir à acheter la version grandeur nature de tous les jouets qu'ils voulaient quand ils avaient 6 ans.

123 ABC

Le petit dernier de Muriel a quitté la maison l'année dernière. Muriel a plus de temps pour elle, pour revoir ses copines.

Une copine est passée la voir avec de vieilles photos de classe.

« J'étais canon, s'est dit Muriel en regardant les photos. Et personne ne me l'a jamais dit ! »

Muriel a décidé de coucher avec le type qui vend des cuisines.

David a 41 ans. Il a racheté chez le disquaire toute la musique qu'il aimait quand il était jeune, mais dans le format le moins pratique qui soit.

Il a aussi demandé à la jeune femme de 22 ans derrière le comptoir si elle avait des nouveaux disques sympas. Il a acheté tout ce qu'elle lui a conseillé, parce qu'elle avait des cheveux magnifiques.

Il déteste ces nouveaux disques, mais pas autant qu'il se déteste lui-même.

ALLR 801
CBS
COLPIX
RCA VICTOR
HI FIDELITY

Arnaud vient de s'acheter un collier à dent de requin. Vincent a passé la matinée à enchérir sur une veste de motard en cuir. Hier soir, François a cherché sur Internet les triathlons près de chez lui.

À présent, ils parlent d'écourter leurs vacances en famille l'année prochaine et d'aller tous les trois aux Eurockéennes.

« On pourrait mentir et dire qu'on va à un colloque ! » s'exclame Vincent.

Valérie a tout essayé pour se sentir plus jeune : course à pied, camping écolo-chic, Pilates, livres de coloriage pour adultes, « relooking de maman », yoga bikram, irrigation platonicienne et relation indécente avec Dylan le stagiaire – un freluquet de 20 ans et quelques avec trois poils au menton et une boucle d'oreille en forme de Lego.

Elle a tout arrêté et envisage désormais de se consacrer à la protection du patrimoine.

Avec l'argent qu'il a reçu pour son 38e anniversaire, Jérôme a acheté un vélo d'occasion.

Trois ans plus tard, Jérôme participe au Tour de France sur un vélo qui coûte plus cher que la caution de son premier appartement.

Jérôme a oublié ce qu'il cherche à prouver.

23
L'EQUIPE
23

Cédric en a ras le bol. La semaine dernière, son groupe de rock de la fac s'est reformé le temps d'un concert au club de foot, et ils étaient complètement nazes.

La soirée lui a coûté plus de 180 € en boissons, taxi et baby-sitter.

Cédric vient de mettre sa guitare en vente sur eBay.

Raoul explique à son coiffeur ce qu'il souhaite. La coupe de Raoul exige des dégradés, des colorations, et quatre lotions épaississantes successives. Mais ça en vaut la peine.

Au bout du compte, Raoul arborera une chevelure abondante – à condition de la regarder de face, non de dos ni d'en haut, à l'abri des rayons du soleil et en l'absence de vents forts.

Stéphane a reçu un coup de fil d'Alice, sa compagne. La réunion de parents d'élèves commencera en retard.

« Ne m'attends pas pour dîner », dit-elle.

Stéphane se dépêche de raccrocher. Il culpabilise un peu, même si Alice n'a aucun moyen de savoir qu'il vient de passer trois heures sur Facebook à chercher les photos des filles qui étaient au collège avec lui.

Catherine est chez le coiffeur.

Ce soir elle va sous un viaduc écouter de la techno hardcore avec sa fille, qui vit chez son père. Elle veut se montrer sous son meilleur jour.

« Teignez-les en bleu, s'il vous plaît », dit-elle à la coiffeuse.

Elle se demande quel soutien-gorge mettra le plus en valeur son nouveau tatouage.

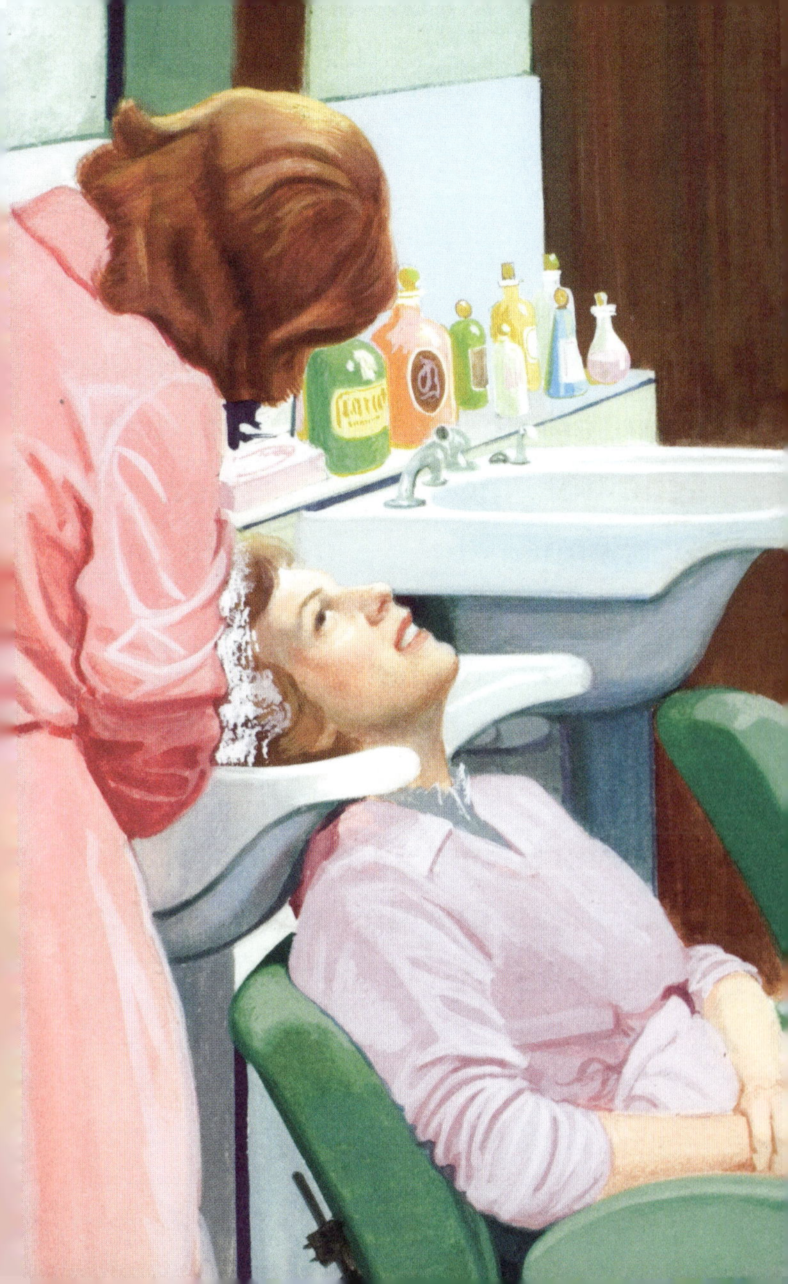

En rentrant de ce week-end entre potes, Nicolas sera verbalisé à l'aéroport d'Amsterdam-Schiphol pour possession de marijuana.

Les deux douaniers auront la moitié de son âge.

Cela fera vingt ans que Nicolas n'aura pas été en possession de marijuana.

Karine a 40 ans et pas d'enfant. Elle passe la plupart de ses soirées dans des bars et des clubs, à rencontrer des gens de dix ans de moins qu'elle et à choisir des filtres flatteurs pour les selfies qu'elle poste sur Instagram.

Elle ne va pas tarder à acheter un chat.

Frédéric est crevé. Aujourd'hui il a couru 7 km, pédalé 15 km, suivi un cours de zumba, dragué sa secrétaire et passé la soirée sur Internet à vérifier si ses bosses et ses crampes étaient des signes précurseurs de cancer ou de diabète.

Il sera tiré du sommeil à 3 heures du matin par une crise d'angoisse, après avoir rêvé qu'un diplômé de 23 ans pouvait faire aussi bien que lui en étant payé deux fois moins.

Hervé a mis toutes ses indemnités de licenciement dans la moto la plus bruyante qu'il ait pu trouver.

En route pour les archives, où il enquête sur son arbre généalogique, Hervé s'arrête dans une station-service.

Il lance un clin d'œil à la fille en Mobylette. « On ne vit qu'une fois ! » dit-il.

La fille lui sourit en retour. Hervé lui rappelle son père.

33
BSA

Les auteurs tiennent à remercier les dessinateurs dont ils ont impitoyablement moqué l'œuvre. Leur splendide travail a été la toile de fond de leur enfance. Et leurs belles images, une inépuisable source d'inspiration.

Édition originale anglaise publiée pour la première fois sous le titre
"The Ladybird Book of The Mid-Life Crisis" by Penguin Books Ltd, London, 2015

First published 2015
001

ISBN 978-2-264-06980-1

Dépôt légal : novembre 2016
N° d'impression : L77661